JN410156

幸福이 꽃피는 봄

幸福이 꽃피는 봄

姜信一 第4詩集(2009)

신아출판사

◆ 발간사

얼마 전에 TV에서 부탄을 다큐멘터리로 방영한 바 있었다. 통치자에 의해 국민 경제적 GDP보다는 행복의 GDP를 더 중요한 정책으로 삼는다는 부탄 국가에서는 영국 명문대에서 수학하고 돌아온 젊은 군주가 온 국민으로부터 절대적인 추앙과 사랑을 받고 있는 것을 아주 구체적으로 보여주어 깊은 감동을 받은 바 있다. 경제의 GDP가 국민 행복 증진을 위한 한 방법은 될지언정 행복 자체는 절대 아니다. 인간 개인의 존재 이유가 행복에 있다고 한다면 국민의 존재 이유도 행복에 있음은 두말할 필요가 없다.

우리나라가 불행한 면이 있다면 해방 이래로 이직까지 국민의 전폭적인 추앙과 사랑을 받은 국가 지도자가 없었다는 사실이다. 우리나라도 부탄 젊은 국왕처럼 국민으로부터 추앙과 사랑을 받는 국가 지도자가 나오기를 진심으로 바라마지 않는다. 그런 국가 지도자가 나올 때 이 조국에는 행복이 꽃피는 봄은 꼭 오리라 믿는다. 졸작 이 시집이 우리 조국에 행복이 꽃피는 봄이 되는 데 아주 작은 도움이라도 될 수 있다면 이보다 더한 보람이 없겠다.

제3집 『靈魂의 窓을 열고』(2004)가 발간된 지 약 5년 만에 늦깎이로 제4집 『幸福이 꽃피는 봄』을 새 봄을 맞이하여 세상에 내놓는다. 어렵사리 드문 드문 여기저기 동인지 및 문예지 등에 발표했던 작품과 그간 미발표했던 작품을 모아 내놓게 되어 부끄럽게 생각한다. 나름대로 최선을 다하여 쓴 창작품들이긴 하지만, 막상 단행본으로 세상에 내

놓으려 하니 부끄럼이 앞설 뿐이다.

이번 제4집에서는 내용을 7부로 나누어 제작했다. 제1부에서는 2002년도 출애 성지순례 종교시를 연작으로 33편을 실었다. 제2부에서는 터키, 시리아, 아프리카 5개국, 일본 등의 기행시를 실었다. 제3부에서는 종교시를, 제4, 5부에서는 사상시를, 제6부에서는 환경 및 문명 비판시를, 제7부에서는 서정시를 실었다.

끝으로, 그간 부족한 제4집 『幸福이 꽃피는 봄』이 나오기까지 어려운 살림에 내조를 아끼지 않은 내자와, 이 책이 발간되기까지 애써주신 신아출판사 서정환 사장님께 감사를 드린다.

2009년 봄

白雲齋에서 姜信一

‖ 차례 ‖

1부 - 순례자의 노래

2부 - 아르테미스 여신

3부 - 님은 말씀이옵니다

4부 - 행복이 꽃피는 봄

5부 - 시한부 인생

6부 _ 도심야상都心夜想

7부 _ 봄의 언저리에서

1부 _ 순례자의 노래

노래 · 1

이제
세속 육신 내던지고
믿음의 고향으로 발을 내디딘다.
육신의 원한과 미움의 옷 다 벗어버리고
무거운 육신의 짐 다 내던지고
시공을 훨훨 나르는 영혼으로
집을 떠난다.
연꽃 찾아온 바람
연꽃 같은 배웅 없었어도
그래도
기쁨의 날개 펴
저 서역
믿음의 고향으로 간다.

거리와 시간을 단축하는
KE 951에 몸을 싣는다.
출애굽 성지 순례를 위해
이스라엘 노예국
이집트를 향해 떠난다.

내 영혼이 아파 온다.
조용한 비행
이상한 기류에서
애굽의 노예의 아픔이
내 몸에 엄습해 온다.

가슴이 터지게
목이 조여온다.
혈당이 떨어지고
탈수증으로
이마엔 식은땀이 솟고
온몸은 닭살이 돋는다.
이스라엘의 출애 40년
그 고통에 비하면
이 아픔은
저 알래스카 해의
빙산의 일각에 지나지 않으리라.

노래 · 2

인도와 파키스탄 사이 전운이
두바이 공항에서 잠시 우리를
머물다 가게 한다.

공항 대기실에로 빠져나와
자리를 찾아가는데
두바이 두 젊은이가
허름한 옷차림으로
대기실 양탄자 바닥에
벌떡
큰 대자로 누워 있다.
모래 벌판 모래 산뿐인
그리 크지 않은 석유의 나라
공항 청사는
은빛 색깔로 부가 번쩍이고
두 사내는
신이 내린 자유를 만끽한다.

뽀얀 혈색에
푸른 눈이
이 이방인의 눈과 마주친다.
입가에는 미소가 흐른다.

"You seem to be very comfortable."
하고 말을 건넸다.
"Hello. You are Korean. Welcome."하고
환영해 준다.

노래 · 3

주인이 달라진 그 비행기는
다시 우리를 반긴다.
다시 42H석에 앉으니
서울 외대 아랍어과 카이로대 연수 여대생이
먼저 자리에 앉아 있다.
현지 시간 오전 9시
현지 원주민 가이드가
피켓을 들고
카이로 공항에서
우리를 반긴다.
오전 10시쯤
우리는 곧바로
출애굽이 시작된다.

우리를 태운 대형버스는
사막에 건설된
카이로 공항 활주로를 빠져
스위즈 운하 해저터널로
미끄러지듯 빠져나와
홍해를 끼고
믿음의 선조 모세가
이스라엘 백성 이끌고 가던

고난의 길
우리는 편하게 질주를 한다.

남북으로
길게 누워 있는
가슴이 풍만한
나일의 여신이 베푸는 고센 땅을 떠나
모세를 따라 만 리 길 걸어서 출애하는
이스라엘 백성이었다면
가다가
목마름에 지치고
피로에 지친
그들이었다면
과연
비록 지옥 같은 종살이이었지만
적어도
마실 물과 먹거리가 풍요했던
그 곳이 나도 그립지 않았을까?
과연 모세 지도자를
원망하지 않을 수 있었을까?
하고 생각하며
홍해를 끼고
광야를 달려간다.

노래 · 4

"아 목이 마르다."
"아 피가 마른다."
"아 허기진다."
60만 이스라엘인은
외친다.
옛 이스라엘 선조들의 고통과는
아랑곳없이
홍해 바다는
홍해 저 건너
저들의 옛 고통을
망가뜨린다.
우리들의 생각은
오직
육신의 욕망뿐
노예라도 좋으니
우리의 육신을 배불리 먹게 하고
목마른 갈증을 해갈해 주는
고센의 한 모금 단물뿐,
이렇게 외치 듯
홍해바다는
하얀 거품을 토하며
사주를 부수어댄다.

노래 · 5

황량한
광야에서
노예들의 원성 높아 가는데
저 앞에
푸른 종려나무가 보인다.
저 나무 밑에
달콤한 물이 샘솟는
오아시스다!
이렇게 외치며
달려가는데
그 곳에 우물이 둘 있다.
엎드려
손바닥에 물을 담아
입에 넣으니
그것은 쓴 물일 뿐
그들의 실망과 분노로
저 푸른 홍해는
부글부글 끓어온다.

람세스 2세에게서 받은
그 노예의 지팡이로
모세가

저 마라의 샘을 치니

쓴물이 단물로 잠잠해지자
저들은
다시
젖과 꿀이 흐르는
가나인 땅을 향해
저들이 가던
광야의 그 길을
우리는 달려간다.

이제 평원의 광야는
뒤로 사라지고
혹처럼 암처럼
불모의 산들이
듬성듬성 나타나더니
제법 높은 산들이
우리의 길을 가로막고
잠시
김이 뭉게뭉게 나는
유황의 온천
홍해의 사주에

우리를 멈춘다.

사주는
검고
뜨겁다.
유황이 끈다.
발바닥
무좀이 죽는다.
슬피 울며.

그렇게
홍해 해변
뜨거운 온천을 즐기다
다시 차는
되돌아
그 산을 비켜 가니
다시 홍해 길이
눈앞에
펼쳐진다.

다시
홍해를 벗어나

험준한 불모의 산 사이
광야로 달려간다.

가다가 차에서 내려
모세가 장막을 치고
잠깐 쉬었을 그 광야 땅을
밟아본다.
즐기는 자의 눈에는
참으로 산들은 장엄했다.
허나
하느님이 주시는
허연 만나에 의지하고
저 젖과 꿀이 흐르는
자유의 땅을 향해
출애굽 하는 그분들에게는
저 불모의 벌건 산들은
목을 얽어메는
공포의 대상이었을 것을.

노래 · 6

현대 문명의 교만처럼
점점 험준한 붉은 산은 높아가고
모세가 하느님을 뵈온 그 곳
시나이 산은 가까워 오는데
푸른 종려며 대추야자 숲이
가슴에 푸르러 온다.
산 계곡 사막
지붕에 지푸라기 걸쳐놓은 듯
허름한 베두인 움막들
여기 저기 한 채씩
눈에 띈다.

이스라엘 선조들이
잠시 지친 영육들을 잠재우고
철철 흐르는
이 샘물로
다시 가나안 축복의 꿈을
가슴에 새기며
장막을 치고
쉬었을 르비딤 오아시스
여기에서
우리도 잠시 차에서 내려
필름에 꿈 담아본다.

노래 · 7

시나이 반도 남단의
시나이 산
22 형제의 시나이 본산 앞서
불기둥처럼 벌겋게
그 위용을 뽐내고 있다.

다음 날 새벽 2시
모세 성인이
십계명 받았던
산정 구름 검게 끼고
불이 타는 그 영산은
아직 보이지 않는다.
시나이 산기슭
성 카타리나 수도원을 지나
아리랑 고개를 넘고 돌아
어둔 밤 저기에
영봉이 드러난다.
77 산 계단 오르는데
어둠 사이로 눈발이 날린다.
저혈당 가슴 조아리고
하느님께 의지하며
친절한 베두인 안내를 받으며

드디어 정상에 이른다.

어느 덧 어둠 걷히고
저 동녘에 찬란한
붉은 태양
구름
머리 위에 얹고
떠오른다.
카메라에 찰칵
추억을 담고
주님의 십계명을
가슴 깊이 새겨본다.

노래 · 8

문명인의 눈에는
물도 없는 광야에
지푸라기 지붕 삼아
저 여름 달아오르는 더위 견디고
무섭게 다가오는 밤 추위
몸 움츠리고
그렇게 사는 불쌍한 베두인.
허나
그들의 길손이 되어 보라.
이 세상의 온 지혜는
여기 광야에 있다.
담도 없고
대문도 없이
넓은 하늘을 지붕 삼고
문명의 때 없는
별들이 총총한
밤하늘 벗 삼아
가족 혈족 부족 간의
끈끈한 사랑을
여름엔 에어콘
겨울엔 히터 삼아
살아간다.

이는 이
눈은 눈으로
그들의 생존을 지탱하며
광야의 밤
쏟아지는 별빛같이
이 우주의 진리와 지혜를
살아가는 베두인
그들은
낯선 과객에게는
절대 호의,
절대 보호.
절대 안위를 베풀며 산다.
있는 것 없는 것
다 주면서
쓴 커피, 또 쓴 커피
그리고 설탕 담뿍 넣은
단 커피를 준다.
여기에 그들의 철학이
담겨 있다.
쓴잔을 마셔야
단맛을 알 듯
그렇게

베두인은
광야에서
쓴맛과 단맛을 느끼며
지혜를 살아간다.

절대 사랑은 사랑,
절대 보복은 보복
그것이
그들을 지켜준다.

노래 · 9

손에 잡힐 듯
홍해 건너
요르단 모압산을 보며
누에바 한강집에서
한식으로 중식을 하고
우리는
다시 광야를 통해 홍해를 끼고
에롯을 떠나 달려간다.
눈앞에 나타난
쌍무지게를 보며
홍해를 지나
어둠에 덮인 사해를 끼고
소금산을 지나
광활한 유대광야와
에게브 광야 사이에
외롭게 서 있는
작은 호텔 숙소에
잠시 여정을 푼다.

그 다음 이른 아침
숙소를 빠져나와
유대광야를 둘러보며

여기 저기 흩어진
돌 몇 점 주워
호주머니에 넣어본다.
시나이 광야 수사 형상석
못내 아쉬움 안고
이 작은 돌들을
줍는다.

순례자에게는 쓴물일 뿐
그러나 내 가슴에는 단물뿐
두둥실
몸을 받쳐주는
초록빛 사해
피부에 좋고
피부병 치유하는
사해 진흙 비누 선물
그 상념이
내 가슴을 출렁인다.
그렇다.
나는 아직 순례자가
못 되었나 보다.

노래 · 10

인지가 터득한 후로
사해는 죽은 바다였다.
큰 육지로 둘러싸이어
요단강 담수 받기만 하고
큰 대양으로 빠져나가지 못하는
물고기 살 수 없는 죽은 바다라고.

허나 그게 아니다.
이 지구의 어느 바다보다도
더 청순한 초록빛이요
더 맑은 물빛이 인다.
염분이 많아
문명의 옷 벗은
자기 두 손으로 받쳐주는 바다
돌같이 굳은 심성
고무풍선처럼
부드럽게 하는
그녀의 매끈한 손결.
아,
이 세상에
이 바다처럼
보드란 여인의 살결

어디 또 있을까

이 바다는
세균이 없다.
용납을 안 한다.

이 바다는
피부병을 치유해 준다.
그대의 피부를
그대의 가슴을
부드럽게 해준다.

오 상냥한 나의 님
죄가 죽어
활력으로, 보드라움을 주시는
오 나의 푸른 님이여!

노래 · 11

나울왕에 쫓기어
잠시 피난했던
다윗의 피난처 엔게디
광야의 계곡엔
폭포가 쏟아지고
산은 험준하되
동굴이 많다.
계곡 아래 산기슭엔
종려나무 푸르게
그늘 드리우고
잠시 피파 치며
하느님 찬양하는
다윗의 노랫소리
귓가에 들리는 듯하다.
적토 건너
사해는
계속 눈짓을 한다.
안녕 미소를 진다.

노래 · 12

예루살렘아, 예루살렘아
내가 너를 암탉이 새끼 품듯
그리 하였건만……

그렇게 기도하신 지
40년 후에
예수님의 예언대로
예루살렘은
Tiptos에 의해
무참히 파괴되었고
이스라엘 백성은
많이 죽었다.

Tiptos의 로마군에 쫓긴
유대인은
저 험준한
붉은 맛사다에 올라
돌포탄으로 맞서 싸우다가
끝내는
스스로
목숨을 끊어
자유의 참 뜻을 남겨

길이길이
이스라엘 후손의 교육장이 된
마사다.

그 산 중턱 기슭에
헤로데는 원형궁을 지었고
병사들은
산 위에
곡창이며,
물탱크며
독탕, 싸우나 탕 만들어
살던 곳
여기에
사방 팔방 에워싼
아랍제국 틈 사이에서
강직하고 지혜롭게
이스라엘은
살아가고 있다.

노래 · 13

사해의 손짓 눈짓을 느끼며
우리는 예리코 광야를 건너간다.
발아래 우측 요르단 철책 곁으로
좌측 아랍 마을 애환을 들으며
가슴 조이며
예리코를 지나 요단강 건너
갈릴리로 달려간다.
간간이 내린 겨울비로
광야는 파릇하더니
갈릴리 가까워지며
온 광야 푸르다.
젖과 꿀이 흐른다.

노래 · 14

예수님 세례 터
갈릴리 남단 요단강에서
강물에 손을 넣어본다.
가만히 손을 잡아주는 이 있다.
키가 큼직한 긴 머리 예수님이
젊게 미소를 지어주신다.
이마에 물을 대지 않아
서운하기는 했지만
내일 아침엔
갈릴리 호수물에
얼굴 적시려 한다.

노래 · 15

꾸민 역사서에서
참 하느님 말씀으로 바꾼
쿰란 사본이 발견된
쿰란의 험준한 언덕
여기 저기에
천년 동굴이
마음을 연다.
베두인 목동에 발견되어
이제는
동굴 암 건너 언덕에서
사본을 베끼고
그릇을 굽던
집 터 유적이
우리의 눈을
다시 뜨게 한다.

로마 병정의 눈을 피해
이 곳 험준한 계곡
깊은 동굴 속
단지에 숨겨놓아
수천년 지난 지금까지
진리를 증언하는

오, 위대한 에센파
유대교인들이여!

노래 · 16

예수님 세례 터 지나
서쪽 갈릴리 호숫가를 따라
티베리아 하얀 집 동네를 거쳐
예수님 팔복 성당에 당도한다.

이름 모를 우람한 나무가
무슨 유행을 따르듯
옷을 짝짝 찢어 걸치고
여기 저기 서서
우리를 맞이한다.

생각보다 겸허한 팔복 성당
원장 수녀님이
따뜻이 맞아주신다.
로마 가톨릭 신자라고 소개하니
하느님 축복을 내려주신다.
원장 수녀님과 기념촬영을 하고
어둠을 헤치며
되돌아온다.
개신교 형제들과
성당 안에서 힘차게 찬양을 했다.
관광객이 적어

수녀님의 꾸중이
내리지 않았을 거라 한다.

그 곳서
그리 멀지 않은 곳에
오병이어 성당이
갈릴리 호수 향해 서 있다.
우리를 님의 품에 맞이하듯
수사 신부님이
큰문을 열어준다.
떡 다섯 덩이와
물고기 두 마리로
오천 명을 먹이신
기적의 기념 성당 문을.

지금 이스라엘은
그보다
더 큰 기적을 이룬 나라이어라!

노래 · 17

이른 새벽 어둠이
서서히 걷히는데
아직 어둠 사이로
웬 아가씨의 모습이
언뜻 보인다.

치마 저고리 대신
바지를 입은
긴 머리 소녀 같다.

출렁이는 갈릴리 호수
봄에 피어난 한 송이 백합처럼
소녀는
호숫가에 앉아
무엇을 열심히 관찰하고 있다.
자갈과 모래일 뿐.

아마
예수님 발자국
찾는 것일 게다.

가까이 가보니

이국 소녀이었다.
러시아에서 홀로 온
귀엽고 앳된
천사이었다.

피아노 전공하는
음악도 여대생

키는 커도
얼굴은 너무
앳되고
순박했다.

갈릴리 호수 위에 드리운
검은 장막 걷혀도
소녀는 고개 숙여
멀리멀리 걸으며
그 무엇을 찾고 있다.

소녀를 홀로 호숫가에 두고
호텔 숙소로 돌아와
짐을 꾸려 식당으로 왔다.

다시 돌아와서
갈릴리 호수 선창에 오니
선창가에서
낚시꾼 네댓 명이
베드로 어를 열심히
낚고 있다.

배에 올라타니
어느 현지인이
친절히도
베드로 그물 던져
베드로 어 잡는 시범을
보여준다.
그물을 던지는 대로
낚시를 드리우는 대로
베드로 물고기는
잘도 잡힌다.

배는 카파르나움 향해
발진한다.
갈릴리 호수 한가운데
엔진이 멈추고

배가 멈춘다.
선상의 예배가 시작된다.
시작 기도의 영광이
내게 주어졌다.
"우주의 만물을 창조하시고
우리의 생사 화복을 주관하시며
우리의 사랑의 자체이시고
우리의 생명이신 하느님 아버지
카이로에서 이곳까지
무사히 오게 해 주심을
감사합니다.
지금은
대한민국 각처에서
낯 모르는 저희들이
당신의 아들
예수 그리스도님이
전도하시던
갈릴리 호수 이 선상에서
주님께 예배드리도록
허락해 주심을 감사합니다.

주님,
저희들 모두
마음을 비웠습니다.
저희들의 비운 마음에
주님 은총
가득 채워주소서.
이 모든 것을
우리 주 예수 그리스도 이름으로
기도 드리옵니다.
아멘."

노래 · 18

차에서 내리자
진입로 열리고
울창한 나무들
환영 속에
예수님의 제2 고향
카파르나움 진입로 문이
활짝 열려 있다.

베드로 집 터 위에
베드로 배 모양
성당이 있고
그 성전 앞에
베드로
목장 들고 앉아
말없이 우리 순례객
반긴다.

그 옛날
귀중한 유적 남기시고
한 없이 많으시던 소중한 말씀
침묵으로 앉아 계신다.

그 곁에
카파르나움 회당이
잘리운 채 있다.
베드로 장모님 병환이
예수님께 나으시고
많은 병자들이
예수님께 치유되던 곳.

나는
잠시
이 회당에서
예수님의 강론을
듣는다.

노래 · 19

카파르나움에서 서쪽으로
15 킬로미터쯤 간다.
아직 때가 이른데도
성모님 말씀에 순종하여
초대된 잔치 집에
포도주가 떨어져
물로 포도주를 만든
예수님의 첫 기적이 있었던
카나의 잔칫 집네.
그 동네 골목을 지나는데
그 때
향긋한 포도주 생각이
간절해진다.

노래 · 20

가나안 잔치 동네를 빠져나와
예수님 고향
나사렛에 당도한다.

수태고지 성당이
눈앞에 아련히 나타나는데
그 성당 앞에
펠레스타인 아랍인들이
그들의 모스크 성전을
높게 지어야 한다는
요란한 예배가
시작된다.

금요일 오후 다섯 시쯤 이어
순례객 맞이보다는
유대 안식일 맞이가
더 급해서인지
성당지기는
지극히 못마땅한 표정을 짓더니
간신히 문을 열어준다.
성당 안은 고요하고
예수님 수태고지 성화 등

여러 벽 성화에 압도된다.
밖에는
여러 나라 어 주기도문이
쓰여 있다.

그 성당 곁 우측으로
성 요셉 성당에 들어간다.
제대 뒤에 안치된
성 요셉 가족 성화
사진에 담으며
크게 확대하리라 생각하니
마음이 기쁘다.
밖에는
유태교 안식일 임박하자
나무 손질하는 기계소리
더욱 요란하다.

노래 · 21

나사렛의 아쉬움 뒤로 하고
우리 순례단은
젖과 꿀이 흐르는
이스라엘의 낙원
갈멜산으로 간다.
이곳은
낯익은 소나무며
이름 모를 나무들이
아름다움 다하여
우리를 반긴다.
황량한 우리 마음
짙푸름으로 채워준다.

겨울비가 내린다.
보슬비 맞으며
엘리아 선지자가
이 시대의 불의를
죽이려는 듯
칼을 번쩍 들고
동상으로 우뚝 서 있다.

노래 · 22

이스라엘
십방의 중심지
므깃도(아마겟돈)

인류 미래의
마지막
아마겟돈 전장 터

지금은 폐허이지만
아직도
바깥 수로 통로 막아버리고
위에서 깊은 통로를 파서
물샘 이용한
지혜가 넘치는 곳

이곳을 내려
저 이스라엘의 낙원
갈멜산으로 향한다.

노래 · 23

남서쪽으로
카이사리아를 향해 간다.
서쪽으로
지중해가 열린다.
터키와 그리스 로마의 관문
카이사리아 지중해
카이사리아 궁 옛 수로가
지중해를 가로막는다.
저 수로 아래
알몸으로
아담이 포즈를 취한다.
에덴에서 쫓겨났던
그 아담이
아직도
수치를 모르고
하와의 카메라 앞에서
요리 저리
나신으로
자태를 취하고 있다.

지중해 해상에
해가 진다.

예전에 보지 못했던
그런 붉은 빛으로
예전보다
더 크게
붉은
누구의 심장으로
지중해 저 멀리 떨어진다.

노래 · 24

지중해를 끼고
남으로 내려가
요파에 이른다.
요파 시 저녁 불빛 받으며
베드로 성전이
수줍게 우리를 반긴다.

그 앞
언덕에
야곱의 꿈이
수수께끼 동상으로
하얗게 서 있다.
요파 공원이다.

요파의 신도시
텔아비브의 밤은
휘황찬란하다.
이스라엘 승리의
빛나는 광채의 꽃이다.

노래 · 25

텔아비브에서 동남으로
넓은 길 따라 달려
어둠 속 예루살렘 입구
Hotel Mercure
여기서
안식을 취한다.
기대와 두려움이
두 기둥으로
내 가슴 깊숙이
박힌다.

노래 · 26

예루살렘에
어둠이 걷힌다.
이른 새벽
가슴을 조이며
남동으로 7킬로 떨어진
다윗의 고향
예수님이 태어나신 곳
베들레헴으로 간다.
이스라엘 무장 경계 지역 지나서
아랍 상인이 가져온
12 인승 마이크로버스에
우리 순례객들이 탄다.
AD 330년
콘스탄틴 모후
헬레나 성녀가 구유 위에 지은
베들레헴 성당

이 곳
야곱의 이내
라헬의 무덤은
수태 못하는
뭇 유대교 여성들이 찾아간다
아기를 갖기 위하여.

노래 · 27

베들레헴에서
다시 북서쪽 예루살렘으로 돌아와
예루살렘 성 북문 아랍구역을 지나
키드론 산 계곡 건너
올리브 산에 오른다.

올리브 산 우측
키드론 골짝 건너 아래
예루살렘 성전 터에
황금 돔 이슬람 사원이 서 있다.

돔 지붕을 한
작은 승천 성당에 들어선다.
예수님 승천하실 적
돌에 큼직한
족적을 남기셨다.
키드론 계곡따라
서쪽으로 내려간다.
예수님이 제자들에게
손수 기도를 가르쳐 주시던 곳

주기도문 성당으로 들어간다.
뜰 벽 성당 안벽에
세계 모든 나라 어
기도문이 장식을 했다.
우리말 주기도문 앞에서
기념 사진을 찍어 본다.

예루살렘을 향하여
키드론 골짜기로 내려가
예수님 눈물 성당에 들어선다.
유대교 성전 터에
이슬람 황금사원이 보이는 쪽으로
제대가 있다.
바로 이 제대에서
예수님께서
예루살렘을 향해 울으셨다.
암탉이 새끼를 날개로 품 듯
그렇게 사랑하신 예루살렘의 멸망을
눈앞에 예견하시고.
지금도 예루살렘을 향해
예수님 우시는 음성
가슴을 찡하게 하신다.

노래 · 28

피와 땀과 눈물을 흘리시며
이 지상에서
마지막 기도하시던
겟세마네 동산
예수님 당시의
영원히 죽지 않는다는
수천년 된 올리브나무들이
늙은 몸에
새끼까지 키우며
여기 저기 줄지어 서 있고
그 나무들 사이로
밭이 메어 있다.
올리브나무 건너
겟세마네 성당이 서 있다.
그 성당 언저리 바위에
기진한 몸으로 엎드려
피와 땀과 눈물을 흘리시며
예수님 기도하신다.
나 언제
예수님처럼
내 죄의 십자가를 지고 뉘우치며
피와 땀과 눈물을 흘리며

기도했던가?

이제

겟세마네 동산에서

그렇게 기도하는 마음으로

나 살리라.

노래 · 29

쓸쓸한 기드론 무덤 골짜기 지나
예루살렘 서쪽 성문으로
통곡의 벽에 가 본다.
유대교인이 쓰는
작은 모자를 쓰고
벽에 손을 대고
기도해 본다.
세계 삼대 종교의 메카
이 예루살렘에
참 평화를 주시라고
하느님께 기도해본다.

방향도 모르고
시장 같은 골목길 더듬으며
예수님 고난 길을 걷는다.
예수님 수난 성당 제대에
가슴에 비수를 박는
아픔의 성모님 눈물
눈에 어려 있다.

십자가 받쳤던 넓적 바위
금이 가 쪼개져 있다.

인류의 가슴이
조각나 있듯.

언제
이 예루살렘에
참 평화가 올 것인가?

예수님 무덤 그리스 성당
예수님 텅 빈 묘 앞에
잠시 무릎을 꿇어 본다.
그리스정교 신부님이
마감 시간 십 분 남았다고
독촉한다.
그의 눈은 초조해진다.

다윗 성전에
검은 포로 덮여 누워 있는
다윗의 묘.

웬 여성이
몸부림치며
울부짖으며

알아듣지 못할 말로 중얼대며
기도를 한다.
참으로 아름다운
유대 여성이다.

날은 어두워
이제
예루살렘 성밖을
나서야 한다.
키드론 골짜기 지나
겟세마네 동산과
승천성당 지나
다시 숙소로 돌아온다.

노래 · 30

다음 날 아침
동이 트고 해가 뜬다.
이제는 다시
애굽으로 돌아가야 한다.
키드론 골짝 지나
승천 성당 지나
예루살렘에서
동쪽 예리코 쪽으로
1,000미터 이상 내려가자
세례 받으시고
예수님이 40일간 금식기도 하시던
광야를
지금 우리가 앉아 있는
이 언덕 아래로
높게 파도치는 그 광야를 보며
갈려나간 형제들과
예배를 한다.
예수님의 물과 빵을 들고
그분의 발아래 초목이 일어선다.
달라는 우산 뿌리쳐
소년 목동에게 미안했다.
참으로

나는 목마른 주님께
물 한 잔 대접 못하는
큰 죄인인가 보다.

노래 · 31

저녁 늦게
카이로 숙소에 도착한
다음 날 아침
나는 형제들과 이탈하여
새벽 6시에
알렉산드리아로
우로는 나일강
좌로는 사막사이로
쭉 뻗은 고속도로를 따라
80 달러 대절 애굽 택시 타고
시원한 고센 아침을 달려간다.
시저와 클레오파트라가,
안토니오와 클레오파트라가
로맨스를 즐기던
지중해
푸른 물결 출렁이는
알렉산드리아로.

이집트 곱트 교회
초대 교황으로 추대된
1세기에 세워진
산 마르코 성당

이 성당 안에는
산 마르코 성인 초상이
성전 벽에 걸려 있고
산 마르코 제대 복 유품이
두 뭉치 쌓여
제대 양편에 각각
안치되어 있다.
촬영이 금지된 곱트 성당
두 소녀가 친절히 안내하며
촬영을 어렵게 허락해 준다.
산마르코 침실이며
그 아래 지하의
산마르코 성인의 빈 무덤.
산마르코 성인의
유해 촬영한 손과 머리 부분의 사진을
카메라에 담는다.

노래 · 32

알렉산드리아 입구에
가다꿈바가 있다.
원주를 돌며 계단을 밟고
한참 내려가면
피라미드 내부 같은
지하 무덤들이
곳곳에 파져 있다.
뱀이며
여러 신들의
벽화들
조금은
음산한 안개처럼
폐부로
두려움이 엄습해 온다.
깊숙한 옛 무덤의
고요가
무서워온다.

노래 · 33

콰이트만 성채에서
동쪽 입구 북단에
한때
알렉산드리아 파라오 왕들이
있었던 15세기 중세풍 요새가
맑고 푸른 지중해 해변에
개나리처럼 노랗게
위풍 당당히 서 있다.
젊은이들은
사랑이 넘실거리는
옅은 물에 발들을 담그어
에메랄드빛 평화를 낚고
젊은 여인들은
요새의 턱에 걸터앉아
클레오파트라 여왕의
연가에 예쁜 귀 기울이 듯
지중해 물결에 시선을 준다.
지중해 물결에 닦는 젊은
여성들의 가슴은
저들의 눈동자만큼이나
아름답다.

2부_아르테미스 여신

아르테미스 여신

흐린 겨울 날
TK 091이
인천 국제공항
활주로를 달리기 시작하자
아르테미스 여신이
내 맞은편에 앉아
미소를 던져주어
잔뜩 긴장한 가슴을
아늑히 해준다.

이목구비 아름다운
아르테미스 여신이
그렇게 앉아 있기
기체의 거구가
고도를 잡으며
'아디오스 서울이여,' 하고
훽 날아간다.

(2003. 1. 13. 월)

클레오파트라 문에서

마크 안토니가
애굽의 미녀의 여왕
클레오파트라 영접 위해
만들어진
묵중한 아치형의 문
세계의 역사가
바뀌게 된 곳
허나
이 문으로
사도 바오로가 수없이 드나들던 곳
하여
일명 바오로의 문이라고도 한다.
필름이 떨어져
사진을 담아오지 못한 것이
못내 아쉬웠다.
몇 번이나 뒤돌아보며
아디오스 했다.

(2003. 1. 14. 화)

옛 시루기아 항구에서

세루기오 고집으로
시루기아 내려치는
파도에 비틀거려
믿음이 약해진 바오로의 마음을
씨서 앞에 서약하는 사명감으로
굳건하게 하던 시루기아 바다는
바다흙을
붉게 핥아낸다.
제 아무리 용트림하는 무서운 파도도
님의 큰 뜻을
꺾을 수는 없었다.

(2003. 1. 14. 화)

시리아 안티옥 베드로 동굴 교회에서

지금은
남루한 동굴 성당이지만
바오로 사도는
이곳 교회에서 파송되어
소아시아와 유럽의 이방인을
구하셨다.

그리스도교 최초로
그리스도인이라 호칭된
거룩한 교회

베드로는
오른손에 천국 열쇠를 쥐고
왼손에 제의를 잡고
제대 위에 서 계시며
오늘도
이방인의 구원을
외치고 계시는 듯했다.

(2003. 1. 14. 화)

꼬냐(이고니아)에서

우리는
2003년 1월 16일 목요일에
버스를 타고 꼬냐에 도착했네.
피시디아의 안티옥 교회는
몸체가 제일 큰 바오로 교회
오랜 세월 흙에 덮인 모자이크는
비잔틴시대를 가리키는 너(AD 364)?
인걸은 간 데 없고
앙상한 뼈대만
흔적을 보여주는구나.

힘겹게 언덕을 올라가 보니
골로사이 교회 흔적은 간 데 없고
파란 밀밭뿐
옛 교회가
지진과 이교도 침략으로
파괴되어 흔적은 없어도
하느님 말씀은
영원세세 하다네.

(2003. 1. 16. 목)

갑바도기아에서

믿음의 칼로 돌을 깎아
천여 개 동굴교회를 지은
카파도키아

선조들의 믿음을 지키기 위해
선경도 빼어난
괴레메 계곡
젤베계곡에
천여 개 성당을
동굴 속에 돌을 깨어 짓고
대린 구유에는
이십 층의 지하도시를 이루었다.

오,
기기 절묘한 카파도키아여,
이제 너희 교회에는
사람이 없어도
너의 후손에는
주님 믿음의 땅,
강건한 터가 될 지어다.

(2003. 1. 15. 수)

케냐 나꾸르 국립공원에서

케냐의 나꾸르 국립공원 초원에는
사나운 초식 짐승 온순한 초식 짐승
조용히 풀을 뜯어서 푸른 초원 평화롭다

저기 저산 아래 나꾸르 강변이
붉게 물들어 있어 가까이 가보니
홍학 떼 짝을 지어서 수만 마리 어우러 있다.

철마가 다가가도 사람이 다가가도
홍학 떼 꼼짝 않고 홍학 떼 짝을 지어
수만 마리 무리 지어서 사랑을 낚고 있다.

기린

초원의
멋진 신사
목이 긴 기린이

확
버티고
길을 막고 서서

철마에
탄 사람들을
신기한 듯 사파리 한다.

(2005. 10. 25)

아프리카 영양들

아프리카 초원에는
영양도 가지가지

큰 영양 작은 영양
작은 무슨 작은 무슨 영양

구분도 어려운데
현지인은 잘도 구분한다

사람과 짐승들이
이 푸른 초원에서

함께 어우러진다면
얼마나 좋을까

태양과 사람들과
들짐승들과 대자연이

초베강 선상 사파리

보츠와나 나미비 사이 순결한 초베강이
평화의 여신 젖가슴에 조용히 흐르는데
강변에 알을 묻고서 어미 악어 졸고 있다.

양국 사이 평평한 초원의 섬에서는
이름 모를 새 떼 들짐승들 여기저기 멀리 보이고
관이 큰 짐승 한 마리 초베강물 들이킨다.

유유히 인도양 찾아 조용히 흐르고 있는
초베강물 저녁놀 붉게 물들이고
선상의 어느 여인과 사진 한 컷 찍어본다.

(2005. 10. 25. 화)

케냐 마사이마라 마사이 부족 마을에서

아름다운 대자연 속 마사이마라 로지 곁에
작은 한 촌락이 옹기종기 모여 있고
주위에는 살찐 소 떼들 조용히 풀을 뜯는다.

촌락에 다가가니 한 마당 쇠똥 천지
쇠똥 발라 벽을 이룬 작으마한 촌락집들
그 마을 추장이 삼백 명 가족 거느린단다.

추장의 몇째 아들 선물인 듯 건네주더니
행운이 따르는 사자 이빨이라면서
이십 달러 달라기에 얼른 주고서 목에 걸었다.

쇠똥 천지 토굴 같은 오두막 마사이족
평균 나이 물어보니 백 세라 자랑하며
되려 평균수명 깔보듯 내게 물어본다.

그 말이 도저히 믿겨지지 아니하기
추장 나이 지금 몇이나 물어보니
백십 세라 대답하여 나 또 한 번을 놀랐다.

사자 사파리

실개천
덤불 속에
누런 암수
부부애 나눈다.

일, 이분
그짓 하고
이십분 휴식하고

하루에
일곱 번씩을
일주일 내내나
그짓 한다네.

(2005. 10. 5. 화)

큰 영양 떼

10월이 가까운 날 큰 영양떼 줄지어
방목하며 여유롭게 남쪽을 향하여서
풀들이 무성해가는 세렝게티로 이주한다.

악어가 득실대는 마라강 건너기 위해
벌 떼처럼 큰 영양들 케냐쪽에 모여 있다.
선두자 악어 무서워 오르락 내리락 하여댄다.

마라강 저 건너 기다리던 수백만 큰 영양 떼
선두자 마라강에 날샌 몸 내던지며
무섭게 기다리는 악어강 건너간다.

먹이풀 무성한 낙원이 눈앞인데
이 많은 무리 중 몇 마리 희생하면
대다수 큰 영양 떼들 복락을 누린단다.

그래도 선두자 큰 영양 한 마리
시급한 생과 사의 순간의 기로에서
결단을 미루고 미뤄 오르락 내리락 계속한다.

(2005. 10. 25. 화)

후지산

시즈오까 현 한복판에
우뚝 서 있는 너는
5월의 싱그러운 옷을 입고
백발을 풀어헤친
수백억 년의 도사이런가

자그마한 섬나라
모든 신비를 간직한 채
역사를 조소하고 있는 거냐

웬만하면
그 큰 영묘한 자태
보이기 싫어
때로는
검은 구름 속에
때로는
짙은 안개 속에
때로는
장대 같은 비의 숲속에
때로는
일본인의 마음속에
숨어버리는 거냐

오, 후지야마여,
일본인 안내자가
그렇게도 널 자랑하고파
네 모습
가까이 볼 수 있는 곳으로
인도하였건만

겨우
동경에서 시즈오까 현으로
가는 도중
신깐선 차창 밖으로
잠깐 너의 영묘한 자태
보이더니
내내
구름 속에
안개 속에
일본인의 마음속에
숨어 있다가

히로시마에서
동경으로의 귀로에
겨우 비행기 창밖 아래

구름 위로
하얀 너의 머리 모습만
내보이는 것은
무슨 심사란 말이더냐

오,
이제
너는
내 기억의 집안에만
살아 있으리

환경 오염으로
지구가 죽어가고
우주가 오염되는
역사의 비운을 보고
속으로 울음우는
너의 애잔한 모습을

아듀
아듀
후지야마여.

3부 _ 님은 말씀이옵니다

자캐오

주님,
자캐오는
키가 너무 작아
주님을 너무 뵙고 싶어
체면과 부끄럼
헌신짝처럼 내던지고
높은 돌무화과 나무에 올라갔습니다.

자캐오는
죄의 괴수
세리인 수장으로서
모든 것 다 고백하여
키가 커졌습니다.
믿음의 키가
우러러볼 만큼
커졌습니다.

헌데
저는
키도 작고
믿음의 키도 작아
주님을 우러러뵈올 수 없습니다.

주님,

저에게도

자캐오처럼

주님께 대한

믿음의 키가

크게 하여 주십시오.

야곱의 독백

ㅡ용서받는 자 중심의 화해

할아버지 아브라함의 하느님,
아버지 이삭의 하느님,
엄마 레베카 뱃속 쌍둥이로 있으면서
우리 쌍둥이 형제는 싸움질 잘했지요.
어머니께서 하느님께 까닭을 물었더니
'두 겨레가 네 몸에서 나와 갈라지고,
한 겨레가 다른 겨레보다 강하고
형이 동생을 섬기거라.' 이라고 하느님께서 그러시더래요.
그런데 커서 보니
아버지는
털이 복슬복슬하고 선이 굵은 터프한 사냥꾼
형 에사우를 좋아했고
어머니는
꽃 미남에 몸보다 머리를 잘 쓰는
섬세한 야곱인 저를 좋아했어요.
어렸을 땐
아브라함 할아버지께서
아버지 이삭을 하느님께
희생 제물로 바치려 했던 이야기며
할아버지가 민족의 아버지가 되시고
땅과 후손을 약속해 주셨고
복의 근원이 되게 해주시겠다는 말씀을

어머니 레베카에게서 밥상머리에서
아주 많이 들었는데
그런데 장자로 태어난 형은
그러한 말씀에는 관심이 없었지요.
난 형 에사우와는 달리
어머니의 그런 말씀에 귀를 많이 기울었지요.
그래서 저는 형에게서 장자 권을 빼앗아야겠다는
야심을 갖게 되었어요.
어느 날 불 콩죽을 끓여 놓고 향료까지 뿌려서
에사우 형 코를 자극했지요.
사냥하고 돌아온 배가 몹시 고픈 형이
그 콩을 달라기에
'장자 권을 넘기면 모를까, 내가 만든 것이거든.' 이라고 했더니
'야 고까지 것 다 가져. 됐냐? 됐으면 빨리 공국이나 다오.'
하는 거예요. 어머니 레베카에게서
아버지 야곱이 에사우 형에게
장자 권 하느님 축복 주신다기에
에사우 형의 모습으로 탈바꿈하여
앞 못 보시는 아버지 눈을 속여
제가 대신 아버지 축복을 받아냈지요.
어머니께서
하란의 외가댁으로 도망가라 하셔서

밤낮 사흘 동안 걸어 달아났지요.
어느 날 밤 하란에 도착하기 전
베텔이라는 광야에서 돌베개 하고 자고 있는데
꿈에 사다리가 나타나
천사가 오르락내리락
하늘 문이 열리더군요.
그리고 하느님 음성도 들리더군요.
진정 주님께서 이곳에 계시는데
나는 그것도 모르고 있었지요.
여기가 바로 하늘의 문인 것을.
이 깨달음 얻은 나 야곱은
그 곳에 제단을 쌓아
이름을 베텔이라 하고
주님께 기도 드렸지요.
하느님께서 저와 계시어
가는 길 저를 지켜 주시고
먹을 양식 입을 옷 마련해 주시며
무사히 아버지 이삭의 집으로 돌아가게 해주신다면
주님께서는 저의 하느님이 되시고
기념 기둥으로 세운 이들은 하느님의 집이 될 것이고
주님께서 주시는 모든 것에서
십분의 일을 주님께 바치겠다고 기도 드렸지요.

그랬더니 주님께서 이렇게 응답하셨지요.
‘야곱 내가 너와 함께 하리라.’
이렇게 하여 라반 외숙 댁으로 간 나 야곱은
20년간 갖가지 고생 다 했답니다.
저는 외삼촌 딸 라헬을 아내로 얻기 위해
칠 년을 일했지만 외숙한테 속았답니다.
신혼 방 차려 첫날밤 지내고 새벽에 일어나서 보니
엉뚱한 여자가 누워 있지 않겠어요?
저는 라헬 외사촌 누이를 아내로 얻기 위하여
또 다시 칠 년을 기다렸답니다.
결국 14년을 바쳐 라헬을 얻고
거기서 또 칠 년을 살면서
외숙 라반의 한 수 위 잔꾀에 연신 당하기만 했답니다.
어쩌면 이는 하느님의 계획이었는지 모르겠어요.
아니
이는
틀림없이 정의로운 하느님께서 정해 놓으신 보속의 절차였을 거예요.
내가 형 에사우를 꾀어 불 콩죽 주고 장자 권을 산 것
그렇다 치더라도
아버지 이삭까지 속이면서
형 에사우에게 갈 축복을 가로챈 것은

그대로 넘길 수 없는 일이었지요.
그래서 거의 20년간 형 에사우 심정 헤아리며
반성 속에 근신을 하게 된 셈이지요.
바라봄의 법칙 이용해 큰 부자가 되어
집으로 돌아가려 결심을 하니
'죽여버리겠어!' 떠났을 때 들었던 형의 말이
아직도 귓전에 쟁쟁하여
형과 화해하여 용서받기로 결심을 했답니다.
결국 에사우 형님과 화해할 수 있도록 지혜 주시라고
하느님께 간절히 기도 드렸지요.
천사와 씨름하여 엉덩이뼈가 부러지고
기도로써 영성적 최선을 다한 다음,
인간적 방법을 총동원하여
초췌한 내 행색이 나를 구원해 주었지요.
결국 야뽁 강 건너에서
기다리고 있던 에사우 형님께
몸을 낮추고 재산의 일부를 드리고
못난 종 용서해 달라고 엎드리어 빌었지요.
성질이 급하신 에사우 형님께서 내 행색을 보시더니
그냥 저를 끌어안고 용서해 주시더군요.
오 하느님, 감사합니다.

(2008. 6)

노아방죽

온 인간이
고목처럼
푹 썩어 문드러졌을 때
하느님은
인간에게
경고를 했었다.

그리고
노아에게
커다란
방죽을 짓게 했었다.

결국,
방죽에 들어온
인간들 짐승들은
다 살았지만
그분의 부르심에
귀먹은 이는
다 사망의 물결이 되었다.

21세기가
저만치 다가오는 지금

온몸과 영혼이
총체로 부패하여
총체로 앓고 있는 이 한반도는

곧
재앙의 비
대 홍수로
멸망할 것인가?

이제는
우리가 잊고 있는
그분을 다시 모시어
계율이 돋아나는
새 방죽을 짓자.

우리
구원의 새 방죽으로
모두 모이자.

이 죄악의 홍수 물러나고
새 비둘기
감람나무 잎 물고 날아오는

그 날을
우리 다함께 열자.

님은 말씀이옵니다

님은
말씀이옵니다

당신이
창조하신
온 우주는
아무 소리 없이
운행하여

그 움직임
소리를
모르옵니다

인간이 만든 기계는
시끄럽습니다
불안합니다

초가을 아침
이슬 먹은
장미는
말이 없어
곱습니다

꽃처럼
말없는
소녀가
아름답습니다

말없이
초롱한
밤하늘의 별들

별들처럼
조용한
스님이
신부님이
수녀님이 좋습니다

온 우주 만물이
제 할 일을
하게 하시는
사랑이신
당신만이
능동적 존재이십니다

당신 외는
그 누구도
그 무엇도
수동적
존재이옵니다

님 이 외에는
그 누구도
말씀이 아니옵니다

님은 침묵하시되
우리의 가슴으로
늘 말씀을 하시옵니다.

하느님의 나라

인간의 정의와 평등이 아닌
절망에 빠진 사람들의 절실한
필요에 응답하시는
자비로우신 하느님 아버지,
저에게도
밭에 숨겨진 보물
당신의 귀한 나라를
가진 것을 다 팔아
그 밭을 사게 하시고
귀한 진주를 찾아다니던 상인이
값진 진주를 발견하고
있는 것을 다 팔아 그것을 사는 것처럼
길이 살게 하소서.

주님께서
항상 우리를 사랑으로 돌보시는
당신의 나라에 매료되어
지금까지의 생활방식에서 벗어나
새로운 형태의 삶을 살며
이 세상 사람들에게
당신의 나라 당신의 사랑을
이웃에 전할 수 있는

용기와 힘을 주소서.

작은 나무 씨가 자라 큰 나무 되듯
당신의 나라는 시작은 보잘것없어도
좋은 결실을 갖는 믿음을 갖고
길이 살게 하소서.

하느님 나라는
당신이 주시는
놀라운 선물임을
이 비유 말씀으로
깨달았나이다.

(2008. 7)

비구니

익산시 북부 시장
사바의 거리

수선화처럼 예쁜
소녀의 손목 다정히 쥐고
정토의 꿈 얼굴에
섬광으로 모아
사뿐히 걸어가는
예쁜 비구니

시장 네거리 지나
뒤돌아보니

어느덧 사라져버린
비구니와 소녀

이제 허상은
허공으로
어느 덧 사라지고

그 법성法性만
내 가슴에

영원히
남아 있네.

마음의 달님을

거실 창문 밖 오동나무 위에
창문 스크린 사이로
흰 달이 떠 있다.

구름이 스쳐가는 저 둥근달은
미움도 번뇌도 고뇌도 없이

속세 오욕의 모든 번민에서
해탈한 보살님 얼굴이다

고독과 미움의 구름으로
깜깜한 이 마음 비추실

저 달님 같은 마음의 달님
언제나 내 마음에 가져볼 거나.

4부_행복이 꽃피는 봄

천사의 집

벗과 함께
영화를 보려다
복날
견디기가 힘든
복더위 피해 보려
산그늘 시냇가 찾아간다.

태양이 중천에 이르러
국숫집 들어서는데
에어컨 바람
서늘한
천국이다.

잠시 뒤안길 뒤를 보고
자리 앉으려 하는데
키 큼직한
아리따운
향기 그윽한
젊은 여인이
중년 여인을 시중든다.

상아처럼

뽀얀 피부
하얀 옷
소박히 입고
입가에
잔잔한 미소 머금고
말없이 예쁘게 시중을 든다.

천사처럼
아름다운
그 중년 부인
며느리이다.

온갖 아름다움과
온갖 기쁨과
온갖 착한 마음의
그윽한 향기
물씬 풍기는
오, 아름다운
천사의 집이여,
타볼산 변화의 장막처럼
오, 내 마음 붙드는
거룩한 집이여,

그대 가정에
하느님의
축복이 있어라!

(2004. 7. 31. 토)

沙洲를 건너

이제
밀물이 오래 머문 뒤
썰물의 배에 몸을 싣는다.

사주를 건너려 하는데
조종 소리 처량히
메아리친다.

뒤를 바라보니
이승의 사주는
바람과
파도와
조류에 밀려
잔돌과 모래만 쓸쓸하다.

우정과 사랑의
잔돌부스러기만
머언 발치에서
손을 흔든다.

(2004. 9. 25. 화)

행복이 꽃피는 봄

늘그막
내 가슴속
봄뜰에
행복의 꽃 피어난다.

아내는
수영장 가며
싱싱한 딸기
날 위해
식탁에 놓고

나는
라디오에서 흘러오는
교향악 선율 타고
창밖 뜰에 피어난
하얀 목련 바라본다.

일찍 핀 매화는
갓 피어나는
목련 곁에서
한 잎 두 잎 떨어지고

봄 샘 눈
끄덕 없던 산수유
매화 곁에서
봄 빛깔
노랗게
뽐내고 있다.

뒷방 창밖
동백은
잃어버린 옛 순정
붉게 피우고 있고

내 가슴속
봄뜰에는
행복의 꽃
설레게
피어난다.

(2007. 3. 7. 화)

가을 장대비 멈춘 후

가을 장대비 멈춘 후
한 소녀가
연못가 공원 벤치에 홀로 앉아
높아진 초가을 하늘 바라본다.

짧은 단발머리
천사같이 살다간 오드리 헵번이
소녀가 응시하는 맑은 하늘에서 내려와
연꽃 향기처럼 감미롭게
소녀의 예쁜 귀에 속삭인다.

"매력적인 입술을 원하세요?
누구에게나 친절하게 말을 하세요."

"사랑스러운 눈매를 원하세요?
사람들에게서 선한 면을 찾으세요."

"날씬한 몸매를 원하세요?
굶주린 자와 음식을 나누세요."

소녀는
빙그레 웃으며

예쁜 얼굴 노을처럼
고웁게 붉힌다.

며느리

배가 볼록한 며느리
몇 개월 만에 본다.

머리 곱게 뒤로 묶고
화장 곱게 한
달덩이 같은 며느리
참 예쁘다.

시아비
마지막 직원여행
다녀오는 중
전주 하나부인병원에서
장손자를 낳아주었다.
2005년 7월 16일 토요일 오후 6시에.

다음 날 주일 미사 후
병원엘 갔다.
아들 며느리
결혼 3년 만에
사돈댁 부부 만났다.

옛 벗 만난 양

퍽이나 반가웠다.
저리도 아리따운
딸을 주시어
나는 그분들께
마음의 감사의 꽃다발을 드렸다.

(2005. 7.19. 화)

첫 돌

내 장손 아기는 늘 웃는다
돌날 낯선 카메라 앞에서
사진을 찍을 때도 웃는다.

저렇게 웃으라고 누가 시켰을까?
무엇이 흥겨워 저리 웃을까
넌 그렇게 영원히 웃으며 살도록
하느님께 기도 드릴게.

그러면,
멀지 않은 장래
내가 저승에 살 때에는
너처럼 늘 웃으며 살고 싶고나
너는 나의 천국이다.
천국은
너와 같은 어린이들의 것이니까.

내 장손 아가야,
너의 할애비는 네 첫 돌을
마음속 깊이 축하한다.
하느님의 축복을 빈다
내 장손 민석아. (2006. 7. 6)

이런 女人이…

이른 봄
떡잎 같은
여인보다는
조금은 껄끄러도
깻잎처럼
고소한 여인이 좋소.

꿀처럼
달콤한 여인은 아니어도
당근처럼
달큰한 여인이 좋소.

소금처럼 짜디짠 여인 말고
된장처럼
짭짤한 여인이 좋소.

무딘 여인보다는
가끔은
톡 쏘는 여인이 좋소.

매운 맛 없는
파란 꼬추 같은 여인보다는

가끔은
붉은 꼬추처럼
달착지근 매운 여인이 좋소.

사랑은
장미처럼 붉되
조금은
가시돋힌
여인이 좋소.

영원한 이 순간을

오랜 가뭄 끝
타오르는 봄밭에
간밤 단비를 맞고
이제야
창밖 뜰
봄에 만취해
미풍에
이리저리
몸을 흔들어댄다.

창밖
화사한 봄꽃
바라보고 있자니
어느덧
나도 봄에 취해
꽃들처럼
내 몸도 마음도
자꾸만 흔들린다.

나는 오늘
지금만을
살고 싶다.

오늘만은
어제도
내일도 없는
영원한
이 순간이
있을 뿐이다.

지금
한참
고웁게
의상을 하고
철쭉
모란
왈츠 춤추는
이 아름다운 봄에
지금의 영원을
영원한 이 순간을
이대로
영원히 살고 싶다.

꽃들과 한참을
흔들어 춤을 추고 나니

몸과 마음
한결 가벼웁고

그간 비워두었던
나만의 가슴속에
행복의 샘
솟는다

힘이 솟는다

손이
불끈 쥐어진다.

(2008. 4. 23. 수. 간밤에 비온 아침)

어느 지인의 충고

인생은
올 때는
순번을 타고 오나

인생이
갈 때는
순번이 없다네.

그러니
함께 있을 때
잘 해 드리게나.

(2006. 12. 15. 금. 숙모님 장례 치르던 날)

황혼의 이혼

어느 덧 많은 세월 눈 깜박 지나가고
일출의 동쪽이 자꾸만 아득해지는데
무엇이 저리 급해 황혼 이혼을 한단말까

결혼의 이삼 년 초혼 행복 제외하고
동상이몽 삼십 성상 그럭저럭 지내고 보니
부인을 놓아주어 마음이 한결 가볍고나.

이제는 너나 나나 보잘것없는 겉모습뿐
이제는 육욕 탐한들 무엇이 좋겠는가
아서라 황혼녘 저녁별 보며 남은 여생 보내야지.

(2008. 5. 27. 화)

정년 퇴직

퇴직 후 삶이 길어졌다.
걱정의 비갯덩이가
목에 걸린다.

사람이 있는 곳에
고독은 쓰고
가정은
더욱 더
적막하다.

말없이 소근대는
꽃들은
나무들은
외로워 보이지 않는데

왜
고독은
나에게 모든 걸
차단하는 걸까

옛날은
별이나 세며

고독을 견딜 수 있었다

지금은
밤하늘이
텅 비어 있다.

정년퇴임
3, 4년 남았는데
퇴임 후 여생이
두려워진다.

(2001. 7. 16. 월)

일월의 노래

발밑서 사지로
스며오는 너는
뿌리에서
줄기로
가지로
오르는 수액

고고한 태산
심심 계곡에
나려 쌓이는 옛날의
혹한 상념들은

어느 가난한
학교 마당에서
가난한 마음에서
봄을 분만하는
산모의 신음일레라.

(1969. 1. 4)

심원心園

내 마음은 호젓한 花園이요
한 그루 앵두를 심어주오
華奢한 봄날의 言語가 되어
그대의 입술에 익으리이다

한 떨기 百合을 심어주오
한 여름의 언어가 되어
그대의 눈에 피우리이다

한 떨기 장미를 심어주오
붉게 이글대는 언어가 되어
그대 가슴에 피우리이다

코스모스 한 아름 심어주오
높고 푸른 하늘 밑
淸楚한 가을의 언어가 되어
그대의 靈魂에 피우리이다

내 마음은 不毛의 花園이요
그대의 꽃으로 채워주오
내 마음 색색의 언어가 되어
벌 나비 나빌레게요.

봄 푸른 하늘 하늘 내려와

— 화산 빈첸시오 집을 다녀와서

매화
꽃잎 지고
이화
님의 웃을 적 치아처럼
하얗게 피는 봄날
봄
푸른 하늘
하늘 내려와

밀짚모 쓰고
그리운 가족 떠난
가난한 이들의 맨땅을
삽으로
호미로
땅을 골라
오는 가을
붉은 옷 곱게 차려 입고 기다릴
님들 생각하며

햇볕은
따갑고

이마엔
구슬땀 주룩주룩 흘러도
봄 푸른 하늘들은
가슴 가슴마다에
삶의 보람 가득해진다.
저마다
빈 가슴
가득 차오른다.

(2008. 4. 8. 화)

소양댐 어느 다방에서

올 겨울 어느 날
큰아들 녀석 내외 손자와 함께
우리 두 부부
춘천 소양댐엘 갔다.

소양댐 구경한 후
소양댐 찻집에
잠시 들렀다.

마음에 피우는
꽃이 있단다.

바람이 불고 힘이 들 때
더욱 향기를 발하는 꽃

그것은
바로 사랑이라는
마음의 꽃이란다.

(2003. 9. 18. 화)

사랑의 무덤

벗과의
피서길
봉동 입구에서
신호등을 받고 있는데
홀연히 '땅' 하며
충격을 받았다.

1톤급 트럭이
우리 차 뒤를 들이받았다.

21세기 병원
508호실에 입원했다.

집으로 전화하자
아내가
짐을 챙겨왔다.

그 다음 날
아내의
안부의 전화가 없다

그 다음 날도

아내의 전화가 없다.

불 꺼진
사랑의 무덤 속에
나 홀로
어둑히
묻히어 있었다.

(2004. 8.12. 목)

그분이 내 앞에

오랜 세월 뒤
그분이 내 앞에 오신다.

일순간
망각의 풍선 터지고
전광처럼
번쩍 기억나는 그분.

허나
그분이 아닐 듯
외면하려 했다.

비록
허수름하나
비교적
말끔히 차려 입으시고
미소를 지며
누런 이로
내게 먼저 인사를 한다.

아마
먼 옛날

따뜻한 악수를 해드리고
굶주릴 때 밥을
목마를 때 물을 드려
아득한 세월 지난 지금도
내 모친
장모님
내 아내
기억하신다.

너무
고마워
감격의 눈물
봇물처럼 치솟는다

그분의
따뜻한 기억이
내 온몸을
뒤흔든다.

비는 개었는데
내 감사의 눈물은
억수로 쏟아진다.

시내버스 창밖
누추한
그분을 향하여.

(2001. 7. 14. 토)

술

너를 통해
친구 좋아
가족을
잃었는데

너를 끊어
친구 잃고
가정을
되찾았네.

(2005. 9. 25. 일)

세월 · 1

세월이 빠르다고 한탄 말고
세월이 더디다고 짜증 마라

세월이 빠르다고 느끼는 것은
네 마음의 시간일 뿐이다.

봄을 기다려
세월 보내지 말고
1, 2월 새해의 두 달도
설레는 계절임은 마찬가지

하루하루를 성실히 살다보면
세월은 빠르지도 느리지도
아니하리라.

(2005. 12. 26. 수)

세월 · 2

나이가 어려서는 가는 세월 더디더니
나이가 들면서 가는 세월 빠르구나
세월의 속도는 나이의 속도 아닌가 하노메라

이순의 세월 속에 육신은 늙어가도
마음은 태양처럼 예나 다름 없네
그래서 영혼은 불사불멸인가 하노메라.

내 머리 허옇다고 세월아 웃지 마라
내 몸이 늙는다고 속조차 늙을소냐
태양 같은 붉은 불덩이 내 몸 속에 꿈틀한다.

육신은 언젠가 세월 속에 묻히어도
영혼은 저 세상에 잠시 가 있다가
세말에 이 세상에서 다시 부활할 것이네.

(2004. 4. 7. 수)

노모의 병환

선조의 유골 이장이 끝나고
오석비 제막을 하던 날

아버님 곁에 누우실
어머니 가묘 앞 비석을 보시고
참 잘 되었다 하시던 어머니
며칠 안 되어 몸져누우시었다.

갑자기 좌측에 마비가 오고
중풍으로 돌아서 병원에 누워계신다.

혈압 160에 100으로 높이 솟아
풍으로 돌아선 반신 마비되신
어머니
다시는 고향의 미소를 못 뵈올까
가슴 조여온다.

삶

무지개 오작교에서
만난 우리의 삶은
가슴 가슴 안에
칠보단장했었지.

봄 여름 가버린
가을 언덕에
우리의 삶은
묻히어 버리고

으슥한 이 한 밤
무덤이 열리어
두 혼령이
자맥질한다.

5부 _ 시한부 인생

직립 보행

두 발로 똑바로 서서
푸른 하늘을 쳐다보며
걸을 수 있다는
자신감을 갖고
사색의 나래를 펼쳐
인적 없는 숲속을
혼자 걸으니
온갖 잡새가 날아든다.

옛적부터 듣던 노래
그들에게 들려주니
내 사색의 나래는
더욱 힘이 나
내가 숲인지
숲이 나인지
나는 나를
잊어버렸다.

날더러

하늘은
날더러
높고 푸르게 살라 한다.

바다는
날더러
넓고 깊게 살라 한다.

산은
날더러
높고 강직하게 살라 한다.

내 뜨락에 날던
노랑나비는
아지랑이처럼
아롱지게
날더러 살다가 가라 한다.

하늘처럼
마음 비우고
마음 공하게 살다가
이승을 가라 한다.

우리 집 폴(진도견)은
그저
즐겁게 살다가
이승을 가라 한다.

(2007. 1. 22. 월)

같은 물을 마셔도

같은 물을 마셔도
뱀이 마시면 독이 되고
소가 마시면 우유가 된다네.

돈도 그러하네.
뱀이 돈을 마시면 독이 되고
소가 돈을 마시면 우유가 되네.

그대가 돈을 마시면
독이 될지
우유가 될지는
그대 자신만이
더 잘 알리라.

행복幸福

저 산 너머 행복이 있다지만
두려움과 괴로움뿐이었네

저 바다 건너 행복이 있다지만
그곳도 살기 위한 고통뿐이었네

저 높은 산을 오르고
저 드넓은 바다를 건너보고서

행복은
여기
내 곁에 있음을 알았네.

시한부 인생

국외 관광
첫 나들이
태국 여행 일행 중
노처녀 한 명 있었다.

친구도 가족도 없이
처녀 홀로 관광 왔단다.

왜 결혼하지 않느냐 물으니까
결혼하지 않는 대가로
자유로이 세계 여행하도록
부모님께 허락을 받았단다.

어느 날
그녀는 갑자기
배를 움켜쥐고
혼자 신음하는 것을 보았다.

누가 그러는데
부유한 회사 사장 딸인데
위암으로
시한부 인생이 되었단다.

끝내 그 비밀을 감추려던
그 처녀가 신음을 한다.
열매를 맺지 못하고
낙화하는 꽃처럼
애처로웠다.

지금도
그 처녀
이 하늘 아래
그 어디서
아직도 신음을 하고 있는 걸까

인생은 누구나
시한부로 태어나지 않는가

다만
고통 중
그것을
의식하며 사느냐
잊고 사느냐의 차이일 뿐.

평화平和

5월의 파아란 하늘엔
흰 돛단배 고요히 흐르고

뜨락의 푸른 잔디 위에
노랑나비 한가롭다

분노의 씨앗
마음에 제거하니

마음의 바다
고요하다.

신록의 계절 끝에서
6월의 짙푸른 피안을 본다.

어느 북녘 여인의 죽음

어느 봄날
어린 아기를 데리고
먹이를 찾아
나물 캐러 들에 나갔다.

TV로
초점을 맞춘 아이를
보듬고 앉아있는 여인

잠시 후
갑자기 여인은
보듬은 아이를
밀어내더니
먹은 걸
막 토해낸다.

그러다가
아기를 꼭 껴안고
꺼치른 얼굴로
아이 얼굴을 비비대더니
여인은
왼쪽으로

쓰러져 눕는다.

깜짝 놀란
옆 여인이
그 여인을 흔들었다.

이미
여인은
저 세상에 가고
젖이 모자란 아이는
죽은 어미 옆에서
울고만 있다.

죽은 어미 아이 울음소리
여기저기
산과 들에
메아리친다.

우리의
온 슬픈 영혼
뒤흔든다.

동포의
애도의 눈물
폭포처럼
지축을 흔들 듯
쏟아진다.

(1997. 7. 10. 토)

몇 뼘 남지 않은 여생을…

2월 끝
뜰 안
꽃나무들
추우나 더우나
좋으면 좋다
싫으면 싫다
말 한 마디 없이
산 넘어 춘삼월
하늘 향해
하얀 속니 드러내
미소짓는 너희처럼
이제
몇 뼘 남지 않은 여생
그렇게 살고 싶구나.

앞 집
슬레이트 지붕
하얗게 된서리 내렸어도
자연법 거스를 줄 모르는 너희처럼
된서리 꾹꾹 참고
묵묵히
한 해 한 해 꽃 피우며

그렇게
몇 뼘 남지 않은 여생
살으려 한다.

(2009. 2. 30. 토)

6부 _ 도심야상都心夜想

소양 송광사에서

은은한 독경 소리
부처님 소리

유유한 벽계 소리
오욕 씻어내리는 소리

고요 빨아들이는 새소리
번뇌 삭여지는 소리

송림 사이 바람 소리
깨달음 소리.

사별死別

마지막 저녁별
대낮에 뚝 떨어졌다

갈증에 허덕이는
누우런 보리

들에 핀 이름 모를
야생화 꽃술

슬픈 눈물
손수건 적시었지.

풍요로움 자랑하는
저 짙푸른 여름 산

소금만 저려오는
우리의 가슴

마지막 저녁별 뚝 떨어지는 날
애도의 곡소리는 어디메이고
먹고 마시는 웃음소리만 요란한 상가

나 별이 되어 뚝 떨어지는 날
울음 울어주는 야생꽃 몇이나 될꼬.

도심야상都心夜想

하아얀 국화 향기
은하에 흐르는
퇴근길 골목 주막에
웃음의 잔
철철 넘치면

짙은 원색
반바지의 정강이
하얀 속살
애로의 강물이

도심의 거리를
홍수처럼
넘실넘실
흘러간다.

도라 전망대에서

사천강 사이로
두 동네에 키를 재듯
높은 두 철탑 우뚝 서 있다.

남녘 마을에선 남한기가
북녘 마을에선 인공기가
사이 안 좋은 이복형제처럼
죽은 듯 마주보며 굳어져 있다.

본래는 태극기 하나뿐이었지만
지금은 서로 다른
두 깃발 서로 앞니 드러내고
으르렁댄다.

좁고 얕은 사천강
한 번 건너가면
돌아오지 못하는 다리가
북의 도끼 만행으로
늙어 초췌하게 버려져 있고
지금은
일흔두 개의 다리가 놓여져
평양으로 가는 길이 달라졌단다.

분단의 아픔
이산가족의 슬픔은
오늘도 말없이
두 마을 사이
사천강으로
기약 없이
흐르고 있다.

(199. 7. 9. 금)

제3 땅굴에서

호기심과
두근거리는 가슴을 억누르며
제3 땅굴에 들어가 본다.

좁고 긴 땅굴
북의
두더지 작전이 가증스럽다.
땅굴 속만큼이나
그들의 두더지 모습이
으스스하다.

맹수인 듯
드러낸 땅굴 아가리
북측 야욕만큼
으스스한 동굴
지하수는 북으로 역류하고
파낸 흙은
사천강변
둑을 쌓았다.

지금은
폭풍전야처럼

고요하다.

막사 사이
숲속에서는
매설된 지뢰밭을 밟으며
뭇 짐승들이
아슬아슬하게
놀고 있다.

(1999. 7. 9. 금)

심곡사 삼존불 앞에서

가톨릭 전북 문우회 회원들과
안면도 문학기행 간다.
회원과 초청회원으로
가득 찬 우리 버스는
서해도로로 막힘없이
죽 달리는데
고속도로 벗어나
안면도 국제 꽃박람회
30km 남겨두고
경부선 쪽 차에 밀려
길은 차단되어
그냥 돌아서
돌아오다가
개심사 들르고도
마음 허전하였는데

심곡사
백제 삼존불상이
그 빈 마음을 가득 채운다.

심곡 가야산 절벽 삼존불 중
가운데 서가모니불은

다양한 표정으로
우리의 마음을
경탄과 찬탄으로
채워준다.

삼존불사
문이 열리고
나이 든 안내인이
나타나
삼존불상 유래를 설명하더니
사당 건물 건조 이전에는
동에서 서로 해가 지면서
부처님 얼굴 모습
다양했는데
지금은
사당 그늘에 가리어
그 모습 볼 수 없어
태양 대신
장대에 전구 달아
연출해 보인다.

얼굴 아래 비추면

부처님 얼굴 근엄해지고
불빛 턱에 비추면
부처님 입가에
미소지으시고
빛이 입술에 닿으면
크게 웃으신다.

세상에
이런 불석상 어디 또 있을까
오
이 불석상
조각장인
참으로 위대하여라!

(2002. 4. 29. 월)

개심사開心寺에서

우리는
마음이 닫힌 민족일까

모른 이 마주하면
왜 입이 열리지 아니할까

다른 나라에 나가보면
다 마음의 문 열려 있는데
우리는 왜일까

開心寺에 가 보아라
그대 마음 문이
활짝 열리리라.

그대 맘 문 열어
이웃 사랑 가득하면
거기 그대 행복 있을진저.

(2002. 4. 29. 월)

아버지와 아들

어느 날
신문을 읽고 있는 아버지에게
어린 아들 녀석이
대뜸 질문을 던진다.

'아빠!'
'왜'
'왜 요즘 원유 값이 치솟고 있지요?'
'이제 석유 자원이 고갈되어 가는데
그 수요는 계속 증가하기 때문이란다.'
'석유 자원 매장량이 얼마나 되는데요?'
'소문에 의하면, 한 이십 년 지나면
석유 매장량이 다 고갈된단다.'
'그럼 우리가 어른이 되면 어떻게 살지요?'
'글쎄다. 아빠도 거기까지는 생각 못했구나.'
'그럼 아빠도 별 수 없는 분이네요.'

(2008. 5. 21. 수)

어느 개구리의 기도

어느 날
모든 사심 허공에 흩뿌리고
시냇물 흐르는 숲가에 갔다.
숲가 시냇물서
개구리 울음 들려온다.
하느님께 애원하는
애련한 어느 개구리의
기도 소리 들린다.

하느님,
분명 저희도
하느님의 피조물임을 잘 압니다.

하느님이 창조해 주신 인간님네들은
이 대지가
이 지구가
자기네들의 점유물로 치부하는 것 같습니다.

분명
이 대지 속 자연은
그들의 보호로
함께 살도록

창조해 주셨습니다.

억겁을
이 냇물에서
대대손손
행복하게 살아왔는데

지금은 고약한 냄새에다가
숨이 막혀
살 수 없습니다.

이웃네
누군가가
어저께 죽고요
또 이웃네 누군가가
지금 죽어가고 있네요.

저희의 죽음이
곧
인간네 죽음임을
왜 모르는지 모르겠어요.

창조주 하느님,
제발
인간들의 사악함에서
저희를
보호해 주세요.

(2008. 5. 21. 수)

7부 _ 봄의 언저리에서

봄의 왈츠

날 부르는 유혹 있어
강가로 나가본다.

강변에 수선화들이
바람과 함께
왈츠를 추고 있었다.

눈을 지그시 감고
봄의 선율을 타니
어느덧
나도 모르게
선율에 맞추어
봄의 수선화들과
봄의 왈츠를 추고 있었다.

(2003. 1. 13. 월)

덕진공원에서

7월의 연꽃 그리워
벗과 덕진공원엘 갔다.
연못에는 분수대가
앉아 있다
손짓만 기다리며.

흔들다리 건너는데
내 손 잡는 이 있어
너무 고운 손
향긋한 손
예쁜 연꽃이다.

뽀오얀
분홍빛
홍조를 띠며
가만이
문을 열고
내 가슴에 들어와
사뿐히 앉는다.
바깥 연꽃 지더라도
이대로
이 아리따운 자태로

내 마음 안에 아주 있겠단다.

난
내 가슴속
연꽃 향기에 취하여
내 모든 걸
다
버릴 수 있었다.
잊을 수 있었다.

(2001. 7. 22. 일)

연가戀歌

1

노을이 지오.
추억의 물결
밀려와
영혼에 불투기오.

입김이 범벅이는
흐릿한 열차 칸

차창 밖 머얼리
캠퍼스 송림 위에
당신의 모습
아롱지오.

은은한 종소리
어둠을 타고
귓전에 사뿐히
내려앉으오.

기도하는 그대의
경건한 모습.

우리는
영혼만이 속삭이는
비둘기 한 쌍이오.

2

아, 그것은
모두
불 꺼진 창
창밖의
달 밝은
코스모스만이
그대의 화신이 되어
내 향수를 달래주오.

黎明이 창가에
입김 어릴 때
어둠의 조수와
흘러가고

이제
영혼의 밭은
雜草만이
무성하오.

(1969. 1. 6)

꽃씨의 마음

명랑한 태양이 그립습니다.
넓고 푸른 하늘이 그립습니다.
어머니 품에 안겨
벌 나비와의 입맞춤이 그립습니다.
태양이 작열하는 한여름
시원히 물 주는 주인이 그립습니다.

그윽히 풍기는 저의 향기에
빵끗이 웃어주는 소녀가
그립습니다.

나의 뜰을 곱게 단장해 주는
갸륵한 소년이 그립습니다.

따스한 대지의 모태에서
꿈을 기리는 제 마음을
알아줄 주인님이 그립습니다.

(1969. 1. 9. 목)

추억의 오솔길

고뇌의 숲이
길을 막는다.

망상의 잡초 헤치고
먼 옛날을 더듬는다.

어느덧
망각의 깜깜한 숲을 지나면
밭두렁 잡넝쿨 꼭 잡고서
곱디고운 옛 나팔꽃
빵긋 웃으며 날 반긴다.

문둥이 사는 동네에 이르면
옛 제비 떼 빨랫줄에 앉아
날 보고 흉을 본다.

낯부끄러 고개 숙여
다시 꿈길을 걷는다.

탱자나무 숲 길가에서
모의하다 들켜
놀란 참새 떼

송림으로 날아 숨는다.

숲속에 졸던 새끼 까치 눈언저리에
옛 어미 생각에 눈물 적신다.

추석이 오는 갈 무덤
벌초하는 사각소리 들으며
추억의 오솔길 걷는다.

새해맞이 눈

丁亥년 한 해 情念 잊히어 주려는 듯
큰 눈송이 뜰 안 마당 하염없이 나려 쌓여
戊子년 새해아침을 경건히 맞이하네.

간밤 졸음 내 몸에서 털어내지 못하고서
제야의 종소리도 듣고 보지도 못하고서
戊子년 새해아침을 빈 마음으로 맞이하네.

(2008. 1. 1)

사랑의 꽃

점심 후 집 밖을 나 홀로 나가보니
삼례의 사거리길 말끔히 새로 나고
봉동 방향 새 인도길이 무지개인 양 아름답다.

쌀쌀한 겨울에 핀 우리 집 동백처럼
그리움의 길가 집 살짝 문 열려 있어
만개한 사랑 꽃 향기 가는 걸음 붙잡는다.

(2007. 12. 15. 토)

백합百合

마돈나 마음의
하얀 살결처럼
6월의 하이얀 백합꽃이
감나무 아래
독서삼매 속
나의 코를
향그럽게 한다.

(2004. 7. 2 금)

사랑

하늘이 푸르고
산들이 파아란
해맑은 5월 하순
아내와 함께
3번째
모악산 등산을 했다.

모악산 품에 안겨 있는
조촐한 수왕사
산 속에 솟는
시원한 샘물을 마시는데
어디선가
부드러운 여인의 음성 들려온다.

"건강할 적 사랑은 황금이요,
병들어 사랑은 은이요,
죽어서 사랑은 납입니다.
그러니
살아
기운 있을 때
사랑들 하세요."

(2004. 5. 22. 일)

제비

백운재 창문으로
봄 하늘 바라보니

구름 낀 하늘 아래
제비가 날고 있다

구름만큼 오염된 하늘
제비 날개 무거웁다.

3월은 가고

춘삼월 살며시 떠나가고
4월이 와 뜰에 앉는다.

겨우내 숨겼던 꽃을 피우며
4월이
지그시 눈을 떠
나를 응시한다.

3월에 피었던 매화꽃 지고
동백이 홍조 가득
눈웃음 준다.

텃밭에 복숭아
소녀의 입처럼
고이 다물고

나를 보고
빵긋
웃음지으려 한다.

(2004. 4. 3. 토)

천사

아들과 며느리가
내소사 등산가자 하여
낮 미사 거르고
우중에 저녁 미사 드리려 가는데

빨강 차 '뽱'소리 나
뒤돌아보니
천사가 손짓하며
차를 타라 한다.

밤하늘 별빛처럼 맑은 눈빛
사랑 가득한
가슴에서 우러나는
낭랑한 천사의 음성

우중의 걱정 사라지고
나의 주위를
사랑의 향기가
살포시 휘감는다.

(2004. 7. 11. 일)

백운재白雲齋

고독을 깨우려
겨우 내 잠겨진
백운재 문을 연다.

겨우 내 잠자던 고독이
깊은 잠
눈을 비비며
오랜만이라고
반가워한다.

시심과 가까운 고독이여
시심을 깨우려
너를 두드린다.

(2004. 3. 28. 일)

8월

구을 듯 뜨거운
여름 한 나절

시원한 산계곡물
그리움 속에

새벽녘 귀뚜리 울음
가을을 몰고 온다.

서늘한 새벽녘
가을을 느끼며

아직은 무더운
여름 대낮인데

산으로 가는 길가엔
코스모스 살짝 미소를 짓는다.

(2005. 8. 14. 일)

봄의 언저리에서

60고개 봄 언저리에서
해맑은 봄을 바라본다.

고독이 시근거리는
봄볕에
봄이 하얗게 웃는다.

저 웃음 스쳐가는 바람
슬픈 내 마음 달래준다.

깊고 깊은
고독의 심연에서
검은 머리 펄럭이며

임의 하얀 얼굴
매화처럼
싱그러운
미소 던지고

어느 골목길로
빠져 나간다.

(2006. 2. 26. 일)

안젤라에게

나는
그대에게
이끌렸습니다,
안젤라여.

요즘
그대 그리움에
가슴 아파 합니다.

그대는
아무 잘못
없사옵니다.

그것은
온전히
내가 만든 덫에 걸려
아파하는 것뿐이옵니다.

님 향한 그리움은
조금은 아픔과
조금은 행복을
가져다 줍니다.

님께
미혹되고
안 되는 것은
온전히
내 맘 탓이옵기
가슴 아파하는 것도
행복해 하는 것도
그것은
온전히
내 맘이
만들어내는 것이기
때문이옵니다.

어느 스님은
애착을
사천왕처럼
쇠뭉치로 박살내고
단칼로
베어버리라 합니다.

허나
나는
차마
그대
그리움을
그렇게는
못하옵니다.

내 쓰린 가슴속
그대로부터의 나의 행복
차마 그렇게는 못하옵니다.

(2007. 3. 27. 화)

겨울이 와도

겨울이 와도
님은 늘 태양처럼
따뜻하기만 하네요.

목련 낙엽처럼
남루한 옷 입으셔도
님은
늘 태양처럼
밝기만 하네요.

님이 계신 곳은
늘 봄이요 사랑입니다.

한겨울
추운 날
님 곁에 있으면
한 잔의 차처럼
따끈하답니다.

눈보라 휘몰아치는
겨울이 와도
님 곁에 있으면

5월의 뜰에 핀
철쭉꽃 무리처럼

님은 늘 나에겐
화사한
한 자락
봄이옵니다.

(2006. 11. 12)

덕유산 여름 산장에서

아침 이불
박차고서
창밖을 바라보니

흰 홑이불
사뿐히 덮고
덕유산이 누워 있다.

어쩌면
누운 네 자태
여인인 양 아름다운가

(2008. 8. 8. 금)

봄이 일렁이는 그대의 모습

매서운 冬風 휘몰아치는
내 마음
그대 앞에 서 있으면
나는
늘
따스한 봄날을 느낀다오.

붉은 입술
그대의 뽀얀 미소는
내 가슴 밭 한가운데
한 떨기 곱다란
봄꽃을 피운답니다.

그런 그대
자주 뵈울 수 없는 날엔
쇠 녹을 듯 뜨거운 한여름에도
내 맘속은
매서운 동풍
휘몰아치고

내 고독의 낙엽은
공중에 맴돌다가

황량한 땅 바닥에
나딩군다오.

오,
사랑하는 님이여
그대
자주
뵈옵게 해주오.
오, 언제나
봄이 일렁이는
그대의 모습
나의 사랑
님이여!

(2006. 8. 25. 금)

백일홍百日紅

화사한 철쭉꽃
다 지고
푸름한
여름하고도
한 달여 만에
창밖 뜰엔
말 없이
고웁게
백일홍 활짝 피어
밀려나는 인생의 뒤안길 영혼
붉은 미소로 위로해 준다.

중년 여인 같은
중후한 백일홍은
조금만
상처 입은 듯 해도
사랑 그윽
향긋한 손으로
내 영혼을
어루만져준다.

(2001. 7. 2)

幸福이 꽃피는 봄

姜信一 第4詩集

인 쇄 2009년 3월 20일
발 행 2009년 3월 31일

저 자 강 신 일
발 행 인 서 정 환
발 행 처 신아출판사

출판등록 1984년 8월 17일 제28호
주 소 전주시 완산구 태평동 251-30
전 화 (063) 275-4000, 252-5633
팩 스 (063) 274-3131
메 일 sina321@hanmail.net

값 9,000원

ISBN 978-89-5925-551-1 03810